THÈSE

POUR

LA LICENCE.

A LA MÉMOIRE DE MA MÈRE.

A MON PÈRE, A MA TANTE, A MA SŒ[UR.]

A MES PARENTS, A MES AMIS.

FACULTÉ DE DROIT DE TOULOUSE.

ACTE PUBLIC

POUR LA LICENCE,

EN EXÉCUTION DE L'ARTICLE IV, TITRE II, DE LA LOI DU XXII VENTOSE AN XII,

SOUTENU

Par M. FOURCADE (Michel),

DE ARLES-SUR-TECH (Pyrénées-Orientales).

JUS ROMANUM.

De actionibus stricti Juris, bonæ fidei et arbitrariis.

Instit Just., Lib. iv, Tit. vi, § 28-31. — Dig. Lib. xii, Tit. iii, Liv. v.

Actio est jus persequendi judicio quod sibi debetur.
Inter multas actionum divisiones invenitur ea in quâ actiones stricti juris, bonæ fidei et arbitrariæ inspiciuntur.

Omnes quidem actiones in primis stricti juris fuerunt. Quæ in jus conceptæ sunt, ad dandum vel faciendum aliquid certum generaliter tendunt. Nec dolo malo, nec rei obligatione judici licet jus mitigare. Directæ, asperæ, simplices : si paret Aulus Agerius, Numerio Negidio X millia sestertium dari opportere : ille, nisi planum facit à Numerio Negidio X millia sibi deberi, causam perdit; hoc modo venit ut totam litem aut obtineat aut amittat. Hic autem nullas compensationes utilè contrà agentem invocare potest ; imò verò si antè rem judicatam, sed post acceptum judicium satisfacit actori, minimè absolvetur, quia judicii accipiendi tempore, in eâ causâ fuit, ut damnari debeat.

Attamen et in strictis judiciis, ex rescripto divi Marci, oppositâ doli mali exceptione, inducebatur compensatio. Quâ quidem judici minimè licebat, compensato eo quod alter alteri debebat, in reliquum condemnare ; sed in solidum condemnare vel absolvere...... *Si in eâ re nihil dolo malo Auli Agerii factum sit neque fiat..... condemna. Si non paret absolve.* Indè ; si pecuniam tibi debeam et tu mihi pecuniam debeas, aut oleum, aut cætera hujusmodi, licet ex diverso contractu, id, quod ab argentario exigi solet, facere debes; id est compensare vel deducere. Si totum petas, plus petendo causâ cadis.

At constitutio quædam Justiniani compensationes debiti ex pari specie et causâ dispari quæ jure aperto nituntur latius introducit, ut actiones et in rem et in personam et alias quascumque ipso jure minuant. Quarum tamen excepta est depositi actio, ne sub compensationis prætextu depositarum rerum quis exactione defraudetur.

Priorum verò posterioribus legibus asperitatem legum corrigentibus, in actionibus primùm per judicis postulationem, posteà in bonæ fidei judiciis arbitro licuit ex æquo et bono sententiam dicere. Ad arbitrium hoc animo adimus ut neque nihil; neque tantum quantum postulavimus, consequamur. Cujus formula mitis, moderata : *Quantum æquius melius id dari.* Actor tamen confitetur plus se petere quam debeatur ; sed satis superque habere dicit quod sibi ab arbitrio tribuatur ; itaque causæ altero confidente, alter diffidit.

In bonæ fidei judiciis libera datur potestas arbitro ex æquo et bono æstimandi, quantum actori restitui debeat. Itaque si quid invicem prætare actorem opporteat, eo compensato in reliquum defensor debeat condemnari. Quæ potestas arbitro dari videtur nec exceptione doli mali, nec exceptione in factum compositâ; sed his verbis : *ex bona fide, vel ut inter bonos bene agier opportet, vel quod æquius melius*, quæ prætor in formula scribere solet.

Bonæ fidei actiones sunt hæ : ex exempto vendito, locato conducto, negotiorum gestorum, mandati, depositi, pro socio, tutelæ commodati; quibus à Justiniano adjunctæ sunt pigneratitia, familiæ erciscundæ, communi dividundo, præscriptis verbis quæ de æstimato proponitur et ea quæ ex permutatione competit et hereditatis petitio.

Actio rei uxoriæ fuerat autea bonæ fidei, actio autem ex stipulatu, stricti juris. At cum omne jus quod res uxoria ante habebat, in actionem ex stipulatu quæ de dotibus exigendis proponitur, translatum fuit, rei uxoriæ actione sublatâ, ex stipulatu quæ pro eâ introducta est, naturam bonæ fidei judicii tantummodò in exactione dotis meruit, ut bonæ fidei sit.

In hâc quidem, sicut et in his quæ supra diximus, arbitro nullo modo est injunctum compensationis rationem habere, neque enim formulæ verbis præcipitur; sed quum id bonæ fidei judicio convenit, in officio ejus contineri creditur.

In bonæ fidei judiciis, sicut et in actionibus in rem et in ad exhibendum in litem juratur. Potest judex præfinisse certam summum usque ad quam juretur; quod si juratum fuerit, absolvere vel minoris condemnare potest. Judici licet etiam œstimare utrum ob dolum, aut ob culpam juratur; nam ob dolum tantum jurari potest, non etiam ob culpam. Accidit interdùm ut et in actione stricti juris in litem jurandum sit, veluti si promissor Stichi moram fecerit, et Stichus decesserit : judex enim nullo modo sine relatione jurisjurandi, æstimare potest rem, quæ non extat.

Præterea sunt quædam actiones quæ ex arbitrio judicis pendent, quæ arbitrariæ dicuntur : nam si quid, is cum quo agitur judicis arbitrio restituere vel exhibere debeat, et id sine pænâ exhibeat vel restituat, absolvitur; quod si nec restituat neque exhibeat, quanti ea res est condemnatur. In primis quidem defensor liber erat aut rem restituere aut pati ad certam summum condemnationem, sed quia sæpius actori magis interest rem ipsam obtinere quàm pecuniam accipere, introducta fuit a prætore vis quædam quæ in eo consistit ut is cum quo agitur ad restituendam rem ipsam manu militari cogatur. Quod si neget se in præsenti exhibere vel restituere posse et tempus petat ad exhibendum, idque sine frustratione postulare videatur, ei dari debet : ut tamen caveat se restiturum.

Nec, quia judex ad certam pecuniam condemnare potest eum qui jussu actori non satisfecit, arbitrarias actiones bonæ fidei judicia credere debemus : harum enim in formulâ nulla doli mali exceptio tacitè continetur.

Arbitrariis actionibus utuntur ad aliquam rem persequendam; itaque omnes actiones quæ in rem sunt et hæ quæ ex legitimis et civilibus causis descendunt et hæ quas prætor ex suâ juridictione comparatas habet, arbitrariæ sunt. Inter actiones in personam quædam etiam ex arbitrio judicis pendent veluti quibus de eo agitur quod aut metûs causâ aut dolo malo factum est, item quum id petitur quod certo loco promissum fuit : eamdem naturam et finium regundorum et ad exhibendum actiones habent.

Noxales actiones, quia in his domino damnato permittitur aut litis æstimationem sufferre, aut noxæ hominem tradere, minime omnes arbitrariæ haberi debemus. Judici enim non datur potestas condemnare eum cum quo agitur nisi ex noxali causa servum restituat ; præterea is, servo relicto, se etiam post judicatam rem liberare potest,

CODE NAPOLÉON.

De la capacité pour acquérir, posséder et agir en justice. — Des communautés et autres établissements publics et du fait de l'existence des communautés non encore autorisées.

Si l'on jette un coup d'œil général sur les sociétés modernes, on remarque, sans peine, que l'intérêt constitue le mobile le plus actif du mouvement commercial et des transactions sociales. A côté des intérêts particuliers, on trouve, à chaque pas, des intérêts qui concernent des généralités de personnes. Les établissements publics, les communautés résument, en les spécialisant, les intérêts particuliers des institutions nationales et répondent aux divers besoins de la société. Sous ce nom, on comprend tous les établissements constitués par la loi, fondés ou adoptés par l'État, et qui ont pour but l'utilité publique. Au point de vue du droit, ces divers établissements ont un caractère commun ; c'est de constituer des êtres moraux, susceptibles de droits et de devoirs, et capables d'acquérir, de posséder et de se défendre en justice, de faire, en un mot, tous les actes de la vie civile, en observant, toutefois, certaines règles déterminées par la loi. Ils ont d'ailleurs, tous, ceci de remarquable, qu'ils se perpétuent indéfiniment, et que leurs droits, comme leurs biens, se transmettent, sans être soumis aux variations et aux changements de personnes.

CHAPITRE PREMIER.

Des Communes.

La commune est une société de personnes et de familles, unies par des relations locales et habituelles, qui rendent nécessaires, pour la garantie des intérêts privés et publics, une certaine communauté de droits et de devoirs. Elles constituent, tout à la fois, des unités de la division territoriale de l'empire et des corps spéciaux, vivant d'une existence qui leur est propre ; ayant des intérêts a eux, et à la conservation desquels ces corps veillent par eux-mêmes ou par leurs représentants. Elles se composent : 1° de tous ceux qui ont établi leur domicile, conformément aux articles 102, 104 et 111, Code Napoléon ; et qui ont une année de résidence *(Avis du Conseil d'État du 4 juin 1807)* ; 2° de tous les citoyens qui y possèdent des propriétés : ces derniers, en effet, concourent à l'acquittement des charges municipales, et prennent part à l'administration communale.

Considérées comme des agglomérations d'intérêts unis entre eux dans une véritable communauté, les communes forment des personnes morales dont l'existence est tout-à-fait indépendante des individus qui la composent. Elles se perpétuent et existent à toutes les époques, abstraction faite de la vie ou du décès de chacun de leurs membres. Comme personnes civiles, elles sont capables de tous les actes que la loi permet aux particuliers ; elles ont des droits de propriété qui embrassent des biens de différente nature, le droit d'acquérir et d'aliéner, le droit d'ester en justice, soit en demandant, soit en défendant. Toutefois, le législateur n'a cru pouvoir leur donner une liberté entière, qui leur aurait donné le moyen de compromettre leur avenir par des actes irréfléchis. Elle les a assimilées aux mineurs, et les a mises sous une tutelle administrative. Une autorisation spéciale de l'administration supérieure leur est nécessaire, soit pour disposer, soit pour acquérir, soit pour soutenir une contestation contre d'autres communautés ou contre les particuliers.

§ 1er. — *Capacité pour acquérir.*

La commune qui veut acquérir un immeuble, doit, d'abord, obtenir l'autorisation de l'administration supérieure. La nullité qui résulte du défaut d'autorisation est purement relative et établie en faveur des communes ; les particuliers qui ont traité avec elles ou en leur nom, ne peuvent donc s'en prévaloir (Cour de Cassation 28 mai et 22 août 1827). De ce principe, il résulte que les communes peuvent acquérir par prescription et en se rendant adjudicataires d'immeubles dont l'expropriation a été poursuivie contre elles. La délibération du conseil municipal qui a permis l'acquisition ne suffit pas pour constituer une autorisation. Sous l'empire de la loi du 18 juillet 1837, il n'était pas nécessaire de recourir, comme sous le décret du 10 août 1791, à l'intervention du législateur. Le préfet, en conseil de préfecture, autorisait l'acquisition jusqu'à concurrence de 3,000 fr., pour les communes dont le revenu était moins de 100,000 fr., et jusqu'à concurrence de 20,000 fr., pour les communes dont le revenu était égal ou supérieur à cette somme. Le décret du 25 mars 1852 a fait disparaître ces distinctions. Aujourd'hui, le préfet autorise les acquisitions, quelle qu'en soit la valeur. L'autorisation doit être précédée de quelques formalités. Ces formalités préalables sont 1° un procès-verbal d'estimation de l'immeuble, dressé par deux experts; 2° une enquête de *commodo* et *in commodo*, par voie administrative; 3° la délibération du conseil municipal ; 4° le consentement du propriétaire qui veut aliéner ; 5° l'avis du sous-préfet et du préfet. Le maire traite au nom de la commune, soit par acte sous seing-privé, soit par le ministère d'un officier public.

Quant aux dons et legs faits aux communes, l'art. 910 du Code Napoléon exige l'autorisation du chef du pouvoir exécutif. L'art. 48 de la loi de 1837 a modifié cette disposition, en faisant une distinction relative à la nature immobilière et à la valeur des dons et legs mobiliers. Les dons ou legs d'immeubles, les dons et legs mobiliers de plus de 3,000 francs, les dons et legs mobiliers quelconques, lorsqu'il y avait réclamation des successibles, ne pouvaient être acceptés qu'en vertu d'une ordonnance ; pour les dons mobiliers d'une valeur inférieure à 3,000 fr., il suffisait d'un arrêté du préfet. Sous l'empire de la législation actuelle, l'autorisation du préfet suffit pour l'acceptation des dons et legs de toute sorte faits en faveur des communes. L'autorisation en vertu d'un décret rendu en Conseil d'Etat n'a été maintenue que lorsqu'il y a réclamation des *familles*. (Décret du 25 mars 1852.)

Le décret de 1852 n'a pas prévu le cas où une délibération du conseil municipal porte refus des dons et legs. Nous déciderons donc que ces délibérations ne seront rendues exécutoires qu'en vertu d'un décret rendu sur l'avis du Conseil d'Etat.

Avant l'autorisation, le maire peut, à titre conservatoire, accepter les dons et legs, en vertu d'une délibération du conseil municipal. Le décret de l'Empereur ou l'arrêté du préfet qui intervient ensuite a effet *du jour de cette acceptation*. (Art. 8 de la loi de 1837.) C'est là une dérogation aux principes des articles 910, 937 du Code, qui a eu pour but d'empêcher, dans l'intérêt des communes, la révocation ou la caducité des dons et legs, dans l'intervalle qui sépare l'acceptation provisoire de l'autorisation exigée par la loi.

§ 2. — *Capacité de posséder.*

La commune, en qualité de personne morale, est propriétaire. Il y a un domaine public communal et un domaine privatif. Le premier est assimilé au domaine public national, et, comme lui, il est imprescriptible. Le second est la propriété de la commune, qui a sur lui tous les droits qu'un particulier peut avoir sur les biens qui lui sont propres.

En tant que propriétaire, la commune est, par rapport au gouvernement, en condition de minorité. La loi de 1827 a émancipé les communes, en ce sens qu'elle leur a attribué un droit de gestion plus étendu que celui des mineurs, quelquefois égal et quelquefois supérieur à celui des mineurs émancipés. Le conseil municipal a, en effet, le droit de consentir et le maire de signer des baux de neuf ans pour les maisons, et des baux de dix-huit ans pour les biens susceptibles de culture. Ces baux sont exécutoires de plein droit, s'ils n'ont été, dans les trente jours, annulés par le préfet, d'office, ou sur les réclamations des parties intéressées. Le décret de 1852, corrigeant en cela les dispositions de la loi de 1837, donne aux préfets le droit d'autoriser les baux de biens appartenant aux communes, ou de biens que les communes prendraient à loyer ou à ferme, quelle *qu'en soit la durée*. — La commune a, dans son droit de gestion, la faculté de faire la répartition des pâturages et fruits des biens communaux. Elle doit également répartir les bois, quoique soumis au régime forestier. Cette répartition se fait par feu, parmi les citoyens ayant domicile dans la commune. (Arrêté du 29 juin 1806.)

De ce que la commune est assimiliée à un mineur émancipé, relativement à la gestion de ses biens, il ne faudrait pas considérer le maire et le conseil municipal comme revêtus des droits de curateurs ; le maire et le conseil ne se distinguent pas de la commune : ils en sont l'organe, les représentants ; par eux, la commune s'administre elle-même.

§ 3. — *Capacité d'aliéner.*

Le principe de l'inaliénabilité des biens communaux a disparu de notre législation. L'autorisation du gouvernement offre une garantie suffisante contre le danger de voir les habitants compromettre, par des aliénations, l'avenir de la communauté.

Les communes peuvent vendre, échanger, si la cause est juste et avantageuse pour les habitants; elles peuvent également transiger; mais elles ne peuvent faire des aliénations à titre gratuit; car donner, c'est perdre. Les formes prescrites pour aliéner sont en général les mêmes que pour acquérir. Le préfet rend exécutoire la décision du conseil municipal. Les pièces à fournir sont les mêmes, sauf la soumission de l'acquéreur, lorsque la vente ne se fait pas aux enchères. Si les biens de la commune ne sont pas destinés à un usage public, tout créancier porteur d'un titre exécutoire, peut obtenir, du chef du pouvoir exécutif, un décret qui en prescrit la vente, sous les conditions qu'il détermine. (Art. 46 de la loi de 1847.)

§ 4. — *Capacité d'agir en justice.*

L'état de minorité soumet les communes à l'autorisation du conseil de préfecture pour ester en justice, sauf, en cas de refus, le recours au Conseil d'État. Le maire, et, à son défaut, l'adjoint, ont seuls qualité pour exercer les actions tant actives que passives.

Il y a un cas où la commune peut être représentée par une autre personne que le maire, c'est lorsqu'un de ses habitants, inscrit au rôle de la commune, exerce, à ses frais, l'action de cette dernière, lorsqu'elle a été dûment autorisée et qu'elle refuse d'agir. Il est tels droits qui, bien que communaux, intéressent spécialement un simple habitant de la commune, et pour l'exercice desquels il ne doit pas être entravé par le mauvais vouloir ou l'indifférence du conseil municipal. (Art. 49 de la loi de 1837.)

Le préfet ne peut, dans le cas où le maire refuserait ou négligerait d'exercer une action, l'exercer par lui-même d'office. Le préfet n'est qu'un surveillant ; et cette qualité, qui pourrait lui permettre de faire des actes conservatoires, ne peut lui donner l'action judiciaire. (Cassation, 28 juin 1843.)

Lorsque la commune est défenderesse, l'action ne peut être formée contre elle sans un avertissement préalable. On suit la même marche que pour les procès contre l'État et les départements. Mais le maire ne peut plaider sans autorisation.

CHAPITRE II.

§ 1er. — *Communautés religieuses et autres établissements publics.* — *Autorisation.*

En dehors des communes, il existe d'autres communautés dont le but est de soulager les malades et les pauvres, ou de répandre l'instruction primaire parmi les enfants de la classe indigente : je veux parler des communautés religieuses.

Quelque louable que soit le but de ces diverses associations, on comprend qu'un gouvernement prudent n'a pas dû se contenter d'exercer sur elles une simple surveillance, surtout du moment où ces associations ont formé une réunion permanente, tenant à l'ordre civil, et pouvant avoir des rapport d'intérêt avec le reste de la société. Dès qu'elles ont prétendu obtenir une existence civile et devenir habiles à exercer certains droits, l'on a senti la nécessité de constater publiquement leur existence par la voie légale.

Le pouvoir souverain est seul compétent pour permettre aux communautés de se constituer et de former une personne morale, capable de certains droits. Mieux que personne, il peut juger si l'association qui sollicite son admission est en harmonie avec la forme du gouvernement et les principes du droit public du pays. De là cette maxime très ancienne, qui voulait qu'aucun ordre religieux ou un établissement public ne pût exister légalement sans l'autorisation et la sanction de la puissance civile.

Le règlement du 18 février 1809 affranchit les congrégations hospitalières de la nécessité d'une autorisation préalable. Il ordonne que les statuts de ces congrégations seront soumis à l'approbation du chef du gouvernement, et insérés dans le *Bulletin des Lois*, pour être reconnus et avoir force d'institution publique.

Mais, sous la Restauration, les associations religieuses s'étant trop multipliées, on sentit la nécessité de revenir au principe de l'autorisation et d'en régler les conséquences. Tel fut l'objet de la loi du 24 mai 1825.

« Art. 1er. Aucune congrégation religieuse de femmes ne sera auto-
« risée, qu'après que les status, dûment approuvées par l'évêque diocé-
« sain, auront été vérifiés et enregistrés au Conseil d'Etat en la forme
« requise pour les bulles d'institution canonique. Ces statuts ne pourront
« être approuvés et enregistrés, s'ils ne contiennent la clause que la con-
« grégation est soumise, dans les choses spirituelles, à la juridiction de
« l'ordinaire.

« Art. 3. Il ne sera formé aucun etablissement d'une congrégation re-
« ligieuse de femmes, déjà autorisée, s'il n'a été préalablement informé
« sur la convenance et les inconvénients de l'établissement, et si l'on

« ne produit à l'appui de la demande, le consentement de l'évêque dio-
« césain et l'avis du conseil municipal de la commune où l'établissement
« devra être formé. »

L'autorisation pour les congrégations sera accordée par une loi, pour les congrégations qui n'existaient pas le 1er janvier 1825 ; à l'égard de celles qui existaient avant cette époque, il suffira d'une ordonnance du pouvoir exécutif. De même, une autorisation spéciale sera nécessaire pour fonder un nouvel établissement ; elle sera accordée par une ordonnance du chef de l'Etat, laquelle sera insérée dans le *Bulletin des Lois*.

L'autorisation du pouvoir souverain est nécessaire, non-seulement aux communautés, mais encore aux fabriques des paroisses, aux hospices, en un mot à tous les établissements d'utilité publique. Sans cette autorisation, ces établissements n'ont point d'existence légale ; ils ne peuvent pas être propriétaires et ne jouissent d'aucun droit civil. Ils demeurent soumis aux règles du droit commun, soit pour la transmission des biens, soit pour les droits divers et les questions de propriété auxquelles ils donnent lieu ; ils ne peuvent pas acquérir, mais chacun des membres qui les composent, est libre de donner ou de recevoir, sans être frappé d'aucune autre incapacité que celles qui lui sont propres.

§ 2. — *Capacité de posséder.*

Les communautés et les établissements publics sont des êtres métaphysiques qui ne peuvent prendre d'existence que par une fiction. Cette existence, la loi seule peut la leur donner ; et par suite, c'est la loi aussi qui peut leur conférer la capacité, soit pour posséder, soit pour acquérir, soit pour agir en défendant les droits qui leur ont été concédés.

Avant la Révolution de 1789, les communautés religieuses possédaient un nombre considérable de biens. Ces biens furent réunis au domaine de l'Etat, par le décret du 2 novembre 1789. Le concordat de 1801, déclara le clergé et les établissements ecclésiastiques inhabiles à posséder des biens immeubles ; mais une ordonnance du roi, du 10 juin 1844, les déclara aptes à posséder. Sous l'empire de la législation actuelle, les communautés religieuses et les établissements d'utilité publique peuvent posséder des biens, meubles ou immeubles. Ces biens sont destinés à subvenir aux dépenses qu'entraîne la poursuite du but qu'ils se proposent.

§ 3. — *Capacité pour acquérir*

La loi du 2 janvier 1817 permet aux établissements ecclésiastiques dûment reconnus et autorisés, d'acquérir, par donation ou autrement, les biens meubles et immeubles. Une ordonnance du 2 avril, de la même année, détermine les règles à suivre pour l'acceptation et l'emploi des dons et legs qui peuvent être faits en faveur, tant des établissements ecclésiastiques que de tous autres établissements d'utilité publique.

Nous lisons dans l'art. 1er de cette ordonnance : « Conformément à « l'art. 910 du Code vivil, et à la loi du 2 janvier 1817, les dispositions « entre-vifs ou par testament des biens meubles et immeubles, au profit « des églises, des archevêchés et évêchés, des chapitres, des grands et « petits séminaires, des cures et des succursales, des fabriques, des hos- « pices, des collèges, des communes, et, en général, de tout établisse- « ment d'utilité publique, et de toute association religieuse reconnus par « la loi, ne pourront être acceptés qu'après être autorisés par nous, le « Conseil d'Etat entendu, et sur l'avis préalable de nos préfets et de nos « évêques, suivant les divers cas. L'acceptation des dons ou legs en ar- « gent ou objets mobiliers, n'excédant pas 300 fr., sera autorisée par le « préfet. »

En créant cette incapacité, la loi a eu pour but, d'abord, de protéger les droits des familles contre les libéralités pieuses que font souvent les personnes avancées en âge ou d'une piété enthousiaste ; en second lieu, l'intérêt de l'Etat. Il importe, en effet, que les biens ne s'accumulent pas dans les mains de ces personnes dites de main-morte. Cette accumulation aurait un triple danger : 1° les biens qui appartiennent aux personnes de main-morte sont généralement peu productifs, parce qu'ils sont mal administrés ; 2° lorsqu'une personne meurt, l'État perçoit un droit de mutation ; les personnes de main-morte ne meurent pas : ce qu'elles ne paient pas, les autres doivent le payer ; 3° le luxe, en s'introduisant avec la richesse dans les établissements, engendrerait le désordre.

L'acceptation, une fois autorisée, est faite par les administrateurs des établissements.

D'après l'article 5 de la loi du 24 mai 1825, aucune personne, membre d'un établissement autorisé, ne pourra disposer par acte entre-vifs ou par testament, soit en faveur de l'établissement, soit en faveur de l'un de ses membres, au-delà du quart de ses biens, à moins que le don ou legs n'excède pas la somme de 10,000 fr. — Néanmoins, cette prohibition ne produit nul effet relativement aux membres de l'établissement, si le donataire ou le légataire était héritier, en ligne directe, de la testatrice ou donatrice.

D'après l'art. 3 de l'ordonnance du 14 avril 1831, nulle acceptation de legs au profit desdits établissements ne devra être présentée à l'autorisation du pouvoir exécutif, sans que les héritiers connus du testateur aient été appelés par acte extra-judiciaire, pour prendre connaissance du testament, donner leur consentement à l'exécution, ou produire leurs moyens d'opposition. S'il n'y a pas d'héritiers connus, extrait du testament devra être rendu public par affiches et insertion dans les journaux, avec invitation aux héritiers d'adresser au préfet leurs réclamations.

Toute donation faite à un établissement religieux, avec réserve d'usufruit, ne pourra être présentée à l'autorisation du gouvernement.

Les actes d'aliénation à titre gratuit ou onéreux, les transactions, doivent aussi être autorisées par le pouvoir exécutif. Aliéner, c'est acquérir ce que les parties contractantes offrent en compensation de l'objet aliéné ; transiger, c'est également acquérir un droit certain, à la place d'un droit contesté. En conséquence, la loi aurait manqué son but, si elle avait permis ces divers actes aux communautés et autres établissements publics, sans faire intervenir son autorité.

§ 4. — *Capacité d'agir en justice.*

Les actions intentées contre les établissements d'utilité publique doivent être portées devant les tribunaux. Les actions mobilières contre ces établissements doivent être autorisées par les conseils de préfecture (Ordonn. du 9 juillet 1823), mais non les actions réelles (Avis du Conseil d'Etat du 9 juillet 1806). Le ministère public doit être entendu dans toutes les causes qui intéressent ces établissements.

Les autorisations de plaider sont soumises à la tutelle ordinaire du conseil de préfecture et du Conseil d'Etat.

L'art. 77 du décret du 30 décembre 1809 défend aux marguilliers, dans les fabriques, d'entreprendre aucun procès et d'y défendre, sans cette autorisation.

Avant 1790, aucune loi n'obligeait les hospices à demander l'autorisation pour ester en justice; mais, depuis, l'autorisation du conseil de préfecture leur est nécessaire pour plaider contre les particuliers, et à ces derniers pour exercer les actions mobilières contre les hospices. Le défaut d'autorisation annule la procédure qui pourrait être faite.

En résumé, l'on voit que les communautés et établissements d'utilité publique sont, en principe, incapables de posséder, acquérir et agir en justice. La loi les relève de cette incapacité, en les soumettant à l'autorisation, soit du pouvoir exécutif, soit de l'administration chargée de veiller aux intérêts de la société.

DROIT CRIMINEL.

Aperçu historique sur le Jury.

L'origine historique du jury est une question fort débattue, et qui a donné lieu à des opinions diverses, fondées sur des traditions plus ou moins obscures, mais toujours incertaines. — A une époque très reculée, après la conquête de la Gaule par les Francs, il existait ce qu'on a appelé le jugement par voisinage. Les parties se présentaient devant les assemblées des hommes libres du district ou comité. Dans ces assemblées, qui se tenaient en public, le plaignant exposait sa plainte, l'accusé sa défense. En cas de flagrant délit, le plaignant amenait un certain nombre de témoins, qui attestaient avec lui, sous serment, le fait du grief. L'accusé était admis à se purger, par serment, à l'aide d'un certain nombre d'*aides-jureurs*. Ces témoins, ces aides-jureurs étaient pris parmi ceux qui faisaient partie d'une même communauté. Plus tard, sous Charlemagne et surtout sous Hugues Capet, eurent lieu les convocations des pairs et co-vasseaux de l'accusé ; et lorsque l'accusé n'était pas homme libre, le magistrat qui ne voulait pas se donner la peine de juger arbitrairement, rassemblait un certain nombre d'assesseurs, communément appelés prud'hommes (*boni viri*). Ces convocations avaient pour but d'aider le roi et les seigneurs, en tant que juges, dans les jugements en matière criminelle.

Mais ces jugements par voisinage, ces convocations des pairs et des prud'hommes, doivent-ils être regardés comme l'origine du jury actuel ?

Nous ne le pensons pas. Le temps qui sépare l'institution du jury en France de ces usages anciens, nous porte à croire que ce n'est pas là son origine. Sans doute, il y a des ressemblances qui frappent ; mais il y a aussi des différences entre ces institutions quant à leur cause et quant au but qu'elles se sont proposé. Le jury actuel est plutôt une institution politique, judiciaire et rationnelle. Comme institution politique, c'est l'intervention du principe démocratique dans l'administration de la juridiction criminelle ; comme institution judiciaire, c'est un expédient rationnel qui a été introduit pour amortir ce que les fonctions habituelles du magistrat peuvent donner d'acerbe au caractère du juge officiel.

Le jury existait déjà depuis longtemps en Angleterre lorsqu'il fut introduit en France, après la révolution de 1789. — La loi du 16-24 août 1790, qui ne faisait que répéter une résolution déjà prise, consacra le jugement par jury, du moins en matière criminelle. Le Code d'instruction criminelle des 16 et 29 septembre 1791 réalisa ces promesses, et établit définitivement l'institution.

Ce Code commença par établir en principe, dans son titre XI, que les jurés seraient pris parmi les citoyens *ayant les qualités requises pour être électeurs*, c'est-à-dire parmi ceux qui, âgés de 25 ans, jouissaient d'un revenu de 200 fr., dans les villes de plus de 6,000 âmes, et de 150 fr. dans celles d'une population plus faible. Ceux-là seuls pouvaient être choisis, par les assemblées primaires, comme électeurs. Tout individu placé dans cette position était tenu, avant le 15 décembre de chaque année, de se faire inscrire comme juré sur un registre tenu par le secrétaire-greffier dans chaque district. La fonction de juré était regardée comme un devoir, et quiconque omettait de se faire inscrire, était privé, pendant deux ans, du droit de suffrage dans les assemblées politiques. Le procureur-syndic de chaque district adressait la liste au procureur-général-syndic, qui composait la liste générale du département. Tous les trois mois, le procureur-général-syndic devait adresser au président du tribunal, pour le service du trimestre, une liste de service composée de 200 noms à son choix, approuvée par le directoire ou conseil d'administration du département. Le premier de chaque mois, et après les récusations faites par le ministère public, on devait extraire de cette liste et par la voie du sort, en présence du président et de quelques fonctionnaires, les noms des douze jurés de jugement. Notifiés à l'accusé, ces jurés pouvaient être récusés péremptoirement par lui dans les 24 heures, ainsi que ceux que le sort désignerait ensuite jusqu'au nombre de vingt. La récusation motivée pouvait avoir lieu sans limites. Le jury ainsi constitué, on assignait les jurés le 5 du mois pour le 15.

Tel était l'ensemble des règles posées par l'Assemblée Constituante, règles qui avaient été puisées dans le jury anglais. Néanmoins, l'Assemblée Constituante, en prenant pour modèle le jury d'Angleterre, sut l'approprier aux principes de la révolution ; elle entra plus complètement qu'on ne l'avait fait en Angleterre dans l'idée primitive, dominante, dans le caractère essentiel de l'institution du jury.

Le caractère essentiel du jury ne consiste pas, comme on le croit généralement, dans l'attribution des questions de fait au bon sens des masses, et dans l'attribution des questions de Droit aux magistrats, à la science. Ce caractère peut être vrai d'une manière générale, mais il ne l'est pas toujours. Dans l'origine du jury, en Angleterre, nous voyons que cette distinction n'était nullement suivie, et aujourd'hui elle ne l'est pas encore. En France, nous voyons également que les questions adressées au jury renferment quelquefois des questions de Droit. Le caractère dominant du jury, celui qui le recommandait au législateur de 1791, comme cadrant parfaitement avec les idées politiques qu'il proclamait, c'est l'intervention directe de la société dans les affaires qui l'intéressent le plus ; c'est le jugement par le pays, le concours de chaque citoyen dans l'exercice journalier des actes qui protégent la sécurité sociale.

L'Assemblée Constituante, imprudente, peut-être, mais du moins conséquente avec elle-même, est entrée dans cette voie plus avant que l'Angleterre. Elle a admis des conditions plus larges pour figurer dans la liste générale. Les magistrats chargés de dresser cette liste sont électifs, inconvénient qui pouvait avoir le résultat fâcheux de mêler le pouvoir judiciaire avec le pouvoir politique, puisés tous deux à la même source. En Angleterre, l'influence qu'exercent sur le jury de jugement les grands juges magistrats inamovibles et qui ne peuvent être atteints que par une disposition législative, tempère l'intervention des citoyens dans les affaires criminelles. Sous le Code de 1791, rien de pareil n'existait : les Parlements étaient abattus, les tribunaux criminels, composés d'un président, magistrat électif et temporaire, et de quelques membres du tribunal, pris de six mois en six mois, à tour de rôle, parmi les juges des tribunaux de district, n'avaient pas une puissance suffisante pour contrebalancer le pouvoir du jury. La puissance judiciaire criminelle se trouvait, en quelque sorte, concentrée dans les mains du jury.

Ce système vicieux, par cela même qu'il était trop exclusif, fut maintenu par le Code du 3 brumaire an IV. En 1808, on posa la question de savoir si l'on maintiendrait l'institution du jury ; le jury eut ses partisans et ses adversaires ; il fut généralement admis en matière criminelle ; mais le législateur, frappé du vice de l'organisation de 1791, se jeta dans un excès contraire ; il étendit les pouvoirs des magistrats, et ne laissa au jury que le nom. Le jury ne présenta plus la garantie d'indépendance et d'impartialité. Parmi les personnes aptes à être jurés, figuraient les fonctionnaires de l'ordre administratif ayant au moins 4,000 fr. de traitement. Les citoyens qui ne réunissaient pas les conditions requises pouvaient, avec l'autorisation administrative, se faire inscrire sur la liste du jury, et, de plus, tout citoyen capable n'était pas pour cela nécessairement appelé à tour de rôle sur la liste particulière Le préfet choisissait, sur la liste des aptitudes, qu'il était libre de dresser ou de ne pas dresser, soixante noms pour chaque session. Or, choisir soixante personnes sur deux mille environ, c'est créer des commissaires plutôt que des jurés. Sans doute, en Angleterre, le choix est fait par le schérif ; mais le schérif est un magistrat annuel non salarié et ne peut être réélu. Le préfet, en France, est placé dans une position toute différente ; il est permanent, révocable et salarié. Le préfet envoyait cette liste de soixante noms au ministre de la justice et au président des assises, qui était alors amovible ; celui-ci la réduisait à trente-six noms. L'accusé recevait la notification de cette dernière liste la veille seulement de l'ouverture des débats. Il lui était impossible de prendre des renseignements pour pratiquer les récusations. Avant l'ouverture des débats, le ministère public récusait douze noms. La liste se trouvait, après toutes ces épurations, réduite à vingt-quatre jurés, dont douze pouvaient être écartés par l'accusé. Comme on le voit, ce système était directement opposé aux vues de l'Assemblée Constituante et aux principes de la révolution ; une réforme était donc nécessaire. L'art. 65 de la Charte de 1814 déclara que l'institution du jury serait conservée, et que les changements qu'une longue expérience ferait juger nécessaires ne pourraient être effectués que par une loi. Ainsi, tout en reconnaissant le principe de l'institution des jugements par jurés, la Charte de 1814 ne modifia en rien la loi organique de 1808. Il faut aller jusqu'en 1827 pour trouver une réforme sérieuse. En effet, la loi du 2 mai 1827 fit revivre le jury par ses innovations, en ce qui touche : 1° les conditions requises pour faire partie du jury ; 2° la composition des listes.

Cette loi fonde la capacité d'être juré sur l'âge (30 ans) et sur le revenu annuel des citoyens. Elle restreint le nombre des fonctionnaires qui pouvaient être inscrits sur la liste, d'après la loi de 1808. Les fonctionnaires salariés, les fonctionnaires chargés d'intérêts collectifs en sont exclus.

Mais l'innovation la plus importante est celle qui est relative à la composition des listes. Une liste générale doit être rédigée ; cette liste est permanente, publique, remaniée périodiquement, dans le but, soit d'effacer les citoyens qui, dans l'année, auraient perdu les qualités requises, soit d'inscrire ceux qui, dans la même année, auraient acquis ces qualités. A cet effet, au commencement du mois d'août de chaque année, a lieu, dans le chef-lieu du canton, une réunion des maires de toutes les communes, sous la présidence du maire de ce chef-lieu, et assistés des percepteurs. Ils indiquent les additions et les retranchements qu'il y a à faire dans la liste générale. Ce travail est remis au sous-préfet, qui le transmet, avec ses observations, au préfet du département. Le préfet peut, d'office, y ajouter certaines personnes aptes, en retrancher d'autres, qui ne présentent pas les conditions d'aptitude. La liste ainsi révisée, est affichée dans toutes les communes, et déposée au secrétariat de la préfecture et au secrétariat de chaque mairie, afin que tout intéressé puisse la consulter et réclamer contre les omissions et les additions mal fondées. Toute contestation est portée devant le conseil de préfecture, qui juge en dernier ressort. Cette liste sert pour les élections et pour la première partie de la liste générale du jury, en retranchant les personnes agées de moins de 25 ans et celles qui n'ont pas leur domicile réel dans le département; la seconde partie de la liste est composée des jurés non électeurs et des électeurs ayant leur domicile réel dans le département, et leur domicile politique ailleurs.

De cette liste générale, le préfet extrait la liste de service. Le rôle du préfet a ici assez d'analogie avec celui du shérif, en Angleterre; mais il offre moins de garantie. Ce désavantage de la loi française est compensé, en partie, par le grand nombre de noms dont se compose la liste de service (trois quarts au moins de la liste générale). Il faut, de plus, ajouter que le préfet ne peut pas, deux années de suite, porter le même nom sur la liste, et que la liste est dressée dans le cours d'une année, pour l'année suivante. Toutes ces précautions rassurent suffisamment contre la possibilité d'un choix partial.

Dix jours avant l'ouverture des assises, on extrait de la liste de service et par la voie du sort, la liste de session, composée de 36 jurés.

Parmi ces 36 jurés, 12 sont tirés au sort en présence de l'accusé et du ministère public, qui peuvent en récuser chacun un nombre égal. Les 12 qui restent composent la liste de jugement.

D'après ce court exposé, on voit que la loi de 1827 a fait plus que corriger l'organisation impériale, elle a fait revivre en France le jury qui, en vérité, n'existait que de nom sous l'empire du Code de 1808.

Mais là ne se sont pas arrêtées les réformes du jury. Un décret du 7-12 août 1848 élargit le cadre pour la composition de la liste générale du jury, et fixa la composition de la liste annuelle. Les dispositions de ce décret se rapprochent beaucoup de l'organisation démocratique de 1791. Mais cette extension du droit de concourir aux jugements par jurés à présenté de graves inconvénients, et une loi postérieure, en rétrécissant le nombre des citoyens appelés à remplir les fonctions de juré, a offert aux jugements une garantie plus sûre. Ce sont les dispositions qui régissent actuellement, avec les lois antérieures qui n'ont pas été abolies, le jury actuel. (Voir décret du 4 juin 1853.)

Un fait très important à noter, c'est que toutes les législations qui ont suivi l'organisation du jury depuis 1791, ont repoussé le jugement par jurés des affaires correctionnelles et des affaires civiles. Le premier projet de la Constitution de 1791 étendait l'application du jury, non-seulement aux affaires correctionnelles mais encore aux questions civiles. Lorsque le calme de la méditation vint remplacer l'ardeur d'un enthousiasme irréfléchi, on comprit tout ce qu'un tel système présentait d'impraticable. En 1848, les mêmes questions se présentèrent. — Toute justice émane du peuple. La justice doit donc être rendue par le peuple. Telle était la conséquence que l'on tirait de la souveraineté nationale. La loi aussi est l'émanation de la souveraineté nationale, et cependant la loi se fait par les délégués. Pourquoi les affaires civiles et correctionnelles ne seraient-elles pas jugées par les magistrats, qui, comme les députés, sont les délégués du peuple. On voit donc que la conséquence qu'on a tirée de la souveraineté nationale n'est pas nécessaire, et n'emporte pas la nécessité d'un jury en matière criminelle et civile.

Que si l'on examine les difficultés auxquelles donnerait lieu le jugement par jurés des affaires correctionnelles et civiles, on reconnaîtra l'impossibilité de l'admettre.

Aussi le jury a-t-il été toujours repoussé en matière correctionnelle, et si on l'a admis pour les délits de la presse, jugés correctionnellement, on l'a supprimé plus tard. En matière civile, il fut repoussé unanimement dans la séance du 14 octobre 1848. Le scrutin de révision ayant été réclamé, 421 membres l'ont repoussé, 301 se sont prononcés pour l'adoption.

Cet aperçu historique montre combien est difficile l'organisation du jury en France. La difficulté ne vient pas de la théorie, mais de la pratique. La loi doit suivre les progrès de la civilisation, et ne confier les intérêts de la société aux masses, qu'autant qu'elles sont capables de les apprécier.

PROCÉDURE CIVILE.

Des saisies conservatoires, c'est-à-dire de la saisie-gagerie, de la saisie sur débiteur forain, et de la saisie-revendication.

On distingue sept espèces de saisies mobilières : les unes sont des mesures d'exécution forcée, les autres sont plutôt des mesures conservatoires. Parmi ces dernières, on compte la *saisi-gagerie*, la *saisie sur débiteur forain*, et la *saisie en revendication*, que nous avons à traiter.

§ 1. — *De la saisie-gagerie.*

La saisie-gagerie est un acte par lequel les propriétaires ou principaux locataires de maisons ou biens ruraux, arrêtent, en vertu d'un bail écrit ou verbal, et pour sûretés des loyers et fermages qui leur sont dus, non-seulement les effets et fruits qui se trouvent dans leurs bâtiments, mais encore les effets mobiliers qui auraient été déplacés sans leur consentement.

L'intérêt du débiteur, aussi bien que l'intérêt du créancier, motive le privilége que la loi accorde aux propriétaires sur les objets qui garnissent la maison louée ou la ferme. Sans ce privilége, en effet, le pauvre, dans les villes, à cause du peu de garantie qu'il offre, rencontrerait difficilement un propriétaire assez confiant pour lui louer un logement dans sa maison ; et l'artisan, dans les campagnes, trouverait la même difficulté pour utiliser son industrie sur la propriété d'autrui.

Ce privilége embrasse tous les objets mobiliers, sans distinction, même ceux qui sont en général déclarés insaisissables ; il faut néanmoins en excepter les objets énumérés dans le paragraphe 2, art. 592, qui ne peuvent être saisis pour aucune créance (592, 593).

Le privilége du propriétaire, et, par suite, le droit d'user de la saisie-gagerie, ne porte pas seulement sur les effets apportés dans la maison ou dans la ferme par le preneur direct ; mais encore sur les effets des sous-locataires et des sous-fermiers, jouissant des lieux par eux occupés ; mais ces derniers obtiendront main-levée en justifiant qu'ils ont payé sans fraude et sans qu'ils puissent opposer les paiements faits par anticipation.

Sont réputés faits par anticipation, les paiements qui paraissent avoir été faits dans le but d'enlever au propriétaire le gage et la sûreté que la loi lui confère. Au reste, c'est aux juges à apprécier les titres des sous-locataires et fermiers pour savoir s'il y a fraude de leur part. Le paiement est réputé sincère toutes les fois qu'il y a doute. Ne sont point réputés faits par anticipation, les paiements faits, soit en vertu d'une stipulation insérée dans le bail, soit en conséquence de l'usage des lieux (C. N. 1763).

La loi, pour rendre le privilége du bailleur efficace, fournit à ce dernier le moyen prompt et facile de l'exercer. Le bailleur peut, en effet, faire saisir-gager un jour après le jugement, et sans permission du juge.

La saisie peut même être faite sans commandement préalable et avec la permission du juge. Cette permission doit être accordée 1° par le juge de paix, lorsque la demande en validité de la saisie doit être portée devant lui (l. du 5 mai 1838) ; dans le cas contraire, par le président du tribunal.

La saisie-gagerie est faite en la même forme que la saisie-exécution. Le saisi peut être constitué gardien, c'est-à-dire que l'huissier peut lui conférer la garde des objets saisis, sans y être obligé.

Cette faculté ne se rapporte qu'à la saisie des effets mobiliers et non à celle des produits. Lorsqu'il y a des fruits (ceci s'entend de fruits non encore détachés), la saisie sera faite dans la forme de la *saisie brandon*. — Néanmoins, le commandement préalable ne sera pas nécessaire; la permission du juge suffira. Si, dans ce cas, l'huissier avait confié la garde des effets au saisi, sans le consentement exprès du saisissant, il serait excusable, sauf le cas où il commettrait la faute grossière de constituer un mineur ou une femme saisis; car, en pareil cas, le saisi est tenu, par corps, de la représentation des effets; et la contrainte par corps ne saurait atteindre ces derniers.

Les effets saisis-gagés ne peuvent être vendus que lorsque la saisie a été déclarée valable. La demande en validité de la saisie doit être adressée au juge de paix de la situation de l'immeuble loué, lorsque le prix du bail ne s'élève pas au-dessus de 400 fr., à Paris, et 200 fr. en province; dans les autres cas, elle doit être portée devant le tribunal civil du domicile du saisi.

La formalité de la demande en validité doit être remplie, quand même le propriétaire aurait agi en vertu d'un bail en forme exécutoire : sauf à lui à pratiquer une nouvelle saisie dans la forme des saisies-exécution.

Quand la saisie a été déclarée valable, on suit, pour la vente, les règles de la saisie-exécution.

§ 2. — *De la saisie sur débiteur forain.*

Tout créancier, même sans titre, peut, sans commandement préalable, mais avec permission du président du tribunal de première instance, et même du juge de paix, faire saisir les effets trouvés, en la commune qu'il habite, appartenant à son débiteur forain (822).

On entend par débiteur forain, celui qui n'a pas son domicile ni son habitation dans la commune du créancier, peu importe que le domicile soit connu ou inconnu.

Il y a pourtant entre les débiteurs qui ont un domicile inconnu et les débiteurs domiciliés, une différence importante. A l'égard des premiers, le créancier peut exercer la saisie, lors même que la créance n'est pas bien liquide et quoiqu'elle ne soit pas encore à l'échéance. Le créancier est en danger de tout perdre par la disparition subite du débiteur. Vis-à-vis des seconds, la saisie-gagerie ne peut être valable qu'autant que la créance est exigible et liquide; et encore le juge devrait-il refuser la permission, s'il était reconnu que le saisissant n'agit que dans un esprit de vexation. Cette décision n'est pas écrite dans la loi; mais elle rentre dans son esprit.

« Le saisissant sera gardien des effets, s'ils sont en ses mains, si non il sera établi un gardien (823). » Le saisissant est de droit constitué gardien. Il ne saurait, en effet, avoir aucun prétexte pour s'excuser de conserver la garde des effets qu'il détient déjà. Il est un cas où il peut être établi un autre gardien, c'est celui où le saisissant ne détient pas, par avance, les objets sur lesquels il opère la saisie, et n'est pas, par conséquent, gardien de droit; mais rien n'empêche l'huissier de le nommer. Quant au saisi, on ne peut pas lui confier la garde.

Mais de quelle utilité sera, pour le créancier, de faire saisir-gager des objets qui sont déjà en son pouvoir? N'a-t-il pas un droit de rétention sur ces objets? Sans doute; mais ce droit de rétention ne l'autorise pas à faire vendre les effets qu'il détient, et la conservation de ces effets peut être difficile et nécessiter de fortes dépenses. En outre, à dater de la saisie, le créancier peut réclamer des frais de garde.

Les frais de garde ne peuvent être réclamés par le saisissant qu'autant que la saisie a été notifiée au débiteur. Si le débiteur a un domicile connu, la notification doit être faite dans le jour, outre un jour pour trois myriamètres. Si le saisi n'a ni domicile ni résidence connus, une copie de la saisie est laissée au parquet et une autre est affichée à la porte de l'auditoire (602). Les frais de garde doivent toujours être payés par le débiteur, quelle que soit la personne constituée gardienne des objets saisis.

La demande en validité de la saisie foraine doit être portée devant le tribunal du domicile du saisi; s'il n'a pas de domicile connu, devant le tribunal du lieu dans lequel l'obligation a été contractée. Le juge de paix n'est pas compétent pour recevoir cette demande en validité, lors même que la saisie serait faite pour une créance dont il pourrait connaître. On ne saurait lui attribuer ce pouvoir par analogie de ce qui a lieu pour la saisie-gagerie.

Le créancier pourrait néanmoins, d'une manière indirecte, se dispenser de porter l'action devant le tribunal et éviter des frais. Il peut, en effet, obtenir, après la saisie foraine, un jugement de condamnation du juge de paix ; et en vertu de ce jugement, revêtu de la formule exécutoire, pratiquer une saisie-exécution. Dès lors la vente pourrait être faite sans qu'il fût besoin d'obtenir une permission du juge.

Les règles communes à la saisie-gagerie et à la saisie foraine sont, en général : 1° qu'on ne peut vendre les effets qu'après avoir obtenu un jugement en validité ; 2° que la vente et distribution du prix sont faites comme par suite d'une saisie-exécution ; 3° que les gardiens doivent représenter les effets, sous peine de la contrainte par corps.

§ 3. — *De la saisie-revendication.*

La saisie-revendication est un acte par lequel une personne demande, en justice, une chose sur laquelle elle a un droit réel à une autre personne qui la détient sans son consentement.

L'asile des citoyens est inviolable ; il ne saurait donc être permis de s'introduire dans le domicile d'une personne, sous prétexte de rechercher des objets dont on se dit propriétaire. A Rome, cette recherche était faite avec certaines précautions, qui garantissaient aux citoyens l'inviolabilité de leur domicile. Dans notre Droit, l'autorisation d'un magistrat est requise, pour qu'on puisse rechercher un objet dans la maison d'autrui. « Il ne pourra être procédé à aucune saisie-revendication (dit l'art. 826), qu'en vertu d'ordonnance du président du tribunal de première instance rendue sur requête, et ce, à peine de dommages-intérêts, tant contre la partie que contre l'huissier qui aura procédé à la saisie. »

Cette disposition est, non-seulement applicable lorsqu'on veut rechercher des objets perdus ou volés, et dont on invoque la propriété ; mais encoré lorsqu'on recherche des objets sur lesquels la loi accorde à des créanciers privilégiés un certain droit de suite, comme dans le cas du dernier alinéa de l'art. 819.

L'autorisation du président n'est pas nécessaire, lorsqu'il existe un jugement qui condamne le tiers-détenteur d'un objet mobilier, à le restituer à celui qui le réclame ; le titre exécutoire n'offre-t-il pas autant de garantie qu'une ordonnance de président ?

Toute requête à fin de saisie-revendication, doit désigner sommairement les effets (827). Cette désignation est faite comme dans le cas de saisie-exécution.

Le juge pourra permettre la saisie-revendication, même les jours de fête légale (828). Il ne peut le faire qu'autant que l'urgence est telle, qu'il y a péril en la demeure. Cette permission doit être demandée par requête, dans laquelle on désigne sommairement les objets revendiqués. Le président ne doit l'accorder qu'avec beaucoup de réserve.

Dans la saisie-exécution, lorsque l'huissier rencontre un obstacle, il suffit pour le vaincre de l'assistance du juge de paix ou du commissaire de police, et dans les communes où il n'y en a pas, du maire ou de l'adjoint : le créancier agissant en vertu d'un titre exécutoire, toutes les présomptions sont en sa faveur. Dans la saisie-revendication, le requérant n'ayant pas de titre, l'obstacle ne pourra être levé que par le président du tribunal, qui doit ordonner les mesures nécessaires pour que l'huissier puisse s'introduire et procéder à la saisie, en portant le moins de préjudice possible au saisi. Que si le requérant craint que les objets soient détournés, il peut établir garnison aux portes (829).

La saisie-revendication sera faite en la même forme que la saisie-exécution, si ce n'est que celui chez qui elle est faite pourra être constitué gardien (830), et cela même sans son consentement. Mais on peut en nommer un autre, si l'on a à craindre l'insolvabilité, les manœuvres et la mauvaise foi du saisi.

La demande en validité de la saisie sera portée devant le tribunal du domicile de celui sur qui elle est faite ; et si elle est connexe à une instance déjà pendante, elle le sera au tribunal saisi de cette instance (831).

Cette demande en validité se forme de plusieurs manières. Si elle est principale, elle est formée soit par le procès-verbal de saisie, soit par un exploit séparé. Si elle est incidente, elle est formée par un simple acte, comme toutes les demandes de cette nature. Si elle est connexe, elle le sera par un exploit.

La saisie-gagerie et la saisie foraine sont toujours suivies de la vente. Dans la saisie-revendication, la vente ne doit être ordonnée que lorsqu'il s'agit d'une revendication improprement dite, pratiquée par un créancier privilégié.

Vu par le Président de la Thèse,

BENECH.

Cette Thèse sera soutenue, dans l'une des salles de la Faculté, en séance publique, le 19 janvier 1855.

Toulouse, imprimerie LAMARQUE & RIVES, successeurs d'HENAULT, rue Tripière, 9.

Toulouse, Imprimerie LAMARQUES & RIVES, rue Triprière, 9.

www.ingramcontent.com/pod-product-compliance
Lightning Source LLC
Chambersburg PA
CBHW060552050426
42451CB00011B/1873